Buchners
Lektürebegleiter
Deutsch

MANFRED THEISEN

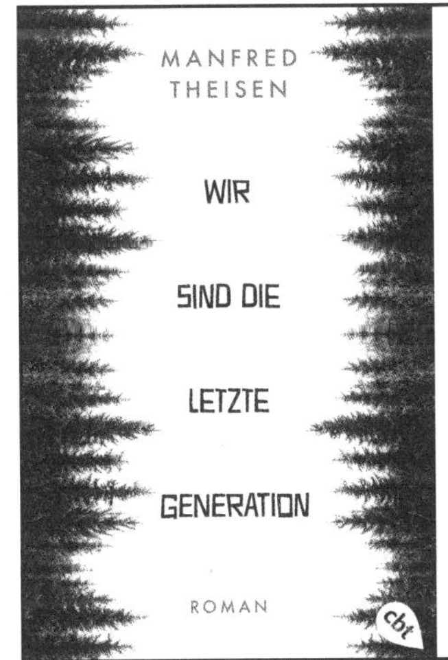

WIR SIND DIE LETZTE GENERATION

Bearbeitet von
Elisabeth Nadler

C.C.BUCHNER

Buchners **Lektürebegleiter** Deutsch

Manfred Theisen „Wir sind die letzte Generation“
Bearbeitet von Elisabeth Nadler

Arbeitsheft 21

Die Mediencodes und QR-Codes enthalten zusätzliche Unterrichtsmaterialien, die der Verlag in eigener Verantwortung zur Verfügung stellt.
Um diese Materialien zu verwenden, bitte im Suchfeld auf www.ccbuchner.de/medien den jeweils angegebenen Mediencode eingeben oder einfach den QR-Code scannen.

Die Seitenangaben beziehen sich auf die Ausgabe von „Wir sind die letzte Generation“ von Manfred Theisen, die 2023 bei cbj Kinder- und Jugendbuchverlag in der Penguin Random House Verlagsgruppe GmbH erschienen ist.

1. Auflage, 1. Druck 2024

Alle Drucke dieser Auflage sind, weil untereinander unverändert, nebeneinander benutzbar.
Dieses Werk folgt der reformierten Rechtschreibung und Zeichensetzung. Ausnahmen bilden Texte, bei denen künstlerische, philologische oder lizenzrechtliche Gründe einer Änderung entgegenstehen.

Layout und Satz: mgo360 GmbH & Co. KG, Bamberg
Druck und Bindung: Brüder Glöckler GmbH, Wöllersdorf

www.ccbuchner.de

ISBN 978-3-7661-4301-3

Inhaltsverzeichnis

Zur Einstimmung 4

1. Lesefreude wecken - sich auf verschiedene Weise an das Werk herantasten 5

a) Ein kreativer Einstieg – sich schreibend dem Roman annähern 5

b) Was ein Cover verrät – Hypothesen zum Roman aufstellen 6

c) Der Hambacher Forst – den Ort der Handlung erkunden 8

2. Die Handlung und die erzählte Welt erfassen 9

a) Was passiert im Roman? – sich das Geschehen bewusst machen 9

b) Worum geht es eigentlich? – das Hauptthema bestimmen 10

c) Wie die Zeit vergeht – die Zeitgestaltung untersuchen 11

d) Mehr als nur ein Ort – die Gestaltung des Raumes untersuchen 14

3. Die Figurengestaltung untersuchen 16

a) Gegensätze ziehen sich an – die beiden Hauptfiguren charakterisieren 16

b) Ben am Anfang und am Ende des Romans – die Entwicklung einer Figur nachzeichnen 17

c) Er ist „ein unbeschriebenes Blatt“ – Symbole in Hinsicht auf Bens Entwicklung deuten 18

d) Wer spielt welche Rolle? – die Figuren nach ihrer Wichtigkeit beurteilen 20

e) Die Mutter – eine Nebenfigur charakterisieren 21

4. Ein Roman aus Gedichten? – die lyrische Gestaltung des Romans untersuchen 24

a) Nicht nur Reim und Strophe – formale und sprachliche Merkmale von Gedichten beschreiben 24

b) Ein bekanntes Gedicht von Johann Wolfgang Goethe – literarische Anspielungen erkennen und für die Interpretation nutzen (1) 26

c) Eine Ballade von Theodor Fontane – literarische Anspielungen erkennen und für die Interpretation nutzen (2) 27

d) Die Liebe im Gedicht - zwei inhaltlich ähnliche Texte vergleichen 29

5. Widerstand damals und heute – die Hintergründe des Romans erarbeiten 30

a) Aktivismus oder Widerstand oder ...? – Vorwissen zur Definition von Begriffen aktivieren 30

b) Wer waren die Edelweißpiraten? – Material für ein Referat sichten, sortieren und strukturieren 31

c) Die Motivation der Baumhausbewohner – materialgestützt informieren 33

d) Die Edelweißpiraten und die Baumaktivisten – verschiedene Formen des Widerstands miteinander vergleichen 39

Quellennachweis

Zur Einstimmung

Liebe(r) ....!

Hast du dich jemals über politische Entscheidungen geärgert? So sehr, dass du am liebsten auf die Straße und auf die Barrikaden gehen würdest, auch wenn das mit Risiken für dich verbunden wäre?

Leider sind politische Entscheidungen für viele Bürgerinnen und Bürger nicht nachvollziehbar - werden als kurzsichtig oder gänzlich verfehlt wahrgenommen. Gerade du als junger Mensch haderst verständlicherweise häufig mit Beschlüssen, die in deinen Augen deine Zukunft „verspielen".

Ein Beispiel für eine solche politische „Problemlage" sind die Ereignisse rund um den Hambacher Forst 2018. Vielleicht hast du davon gehört, wie Umweltaktivisten dort monatelang die Bäume besetzt haben, um die drohenden Rodungen des Waldes zu verhindern – am Ende vergeblich. Solche Aktionen sind Teil eines großen Kampfes für den Umweltschutz, der im Buch „Wir sind die letzte Generation" thematisiert wird.

Dieses Arbeitsheft bietet abwechslungsreiche Möglichkeiten, inhaltlich tiefer in den Roman von Manfred Theisen einzutauchen und gleichzeitig deine Fähigkeiten im Schreiben zu verbessern. Du wirst nicht nur den Roman besser verstehen, sondern auch lernen, wie man kreativ und dennoch verständlich und ansprechend über Literatur schreibt.

Durch entsprechende Hinweise bei den Aufgaben wirst du darauf aufmerksam gemacht, wo du deinen Wortschatz und deine Schreibfähigkeiten besonders trainierst.

Damit du weißt, was du tun sollst, gibt es im Heft ein paar wiederkehrende Symbole:

Hier bearbeitest du die Aufgabe in deinem Heft oder am Computer oder ...

... findest Hilfen, wenn du diese benötigst.

Hier erfährst du, dass du Aufgaben bereits vor dem Lesen oder erst nach dem Lesen des ganzen Romans bearbeiten sollst.

Außerdem findest du an einige Stellen noch zusätzliche Materialien oder Hilfen unter QR-Codes bzw. Mediencodes, z. B. [4301-01], zu denen du über einen Scan bzw. die Buchner-Webseite Zugang hast: https://www.ccbuchner.de.

Nun wünsche ich dir viel Spaß beim Lesen des Romans und dem Bearbeiten der Aufgaben des Lektürebegleiters!

1. Lesefreude wecken – sich auf verschiedene Weise an das Werk herantasten

AUFGABEN VOR DEM LESEN BEARBEITEN!

a) Ein kreativer Einstieg – sich schreibend dem Roman annähern

A 1 Schreibe ein Elfchen, in dem du die folgenden Wörter verwendest.

Strickleiter · Eiche · Dorf · Schaufelbagger

Lies den folgenden Info-Kasten, wenn du nicht (mehr) genau weißt, was ein Elfchen ist.

Ein **Elfchen** ist ein Gedicht, das aus insgesamt elf Wörtern besteht.
- Es ist genau festgelegt, wie viele Worte in jeder Zeile stehen (s. u.).
- Die einzelnen Verse bilden je eine Sinneinheit, müssen aber keinen vollständigen Satz ergeben (oft fehlen im Elfchen auch die Satzzeichen).
- Die einzelnen Verse müssen sich nicht reimen.
- Der letzte Vers hat einen abschließenden Charakter.

Ein Beispiel findest du auch unter dem Mediencode [4301-01].

Vers	Wörter
1	1
2	2
3	3
4	4
5	1

A 2 Erweitere nun dein Elfchen und verlasse die strenge Versform.
- Formuliere einen Vers des Gedichts zu einer Frage um und ergänze ein Adjektiv.
- Füge dann einen zusätzlichen (vollständigen) Satz hinzu, in dem du eines der in Aufgabe **A1** vorgegebenen Wörter ein zweites Mal verwendest.

A 3 Schreibe deinen Text mit neu gesetzten Zeilenumbrüchen ab. Wähle die Schriftgröße so, dass dein Gedicht das ganze Blatt ausfüllt.
In jedem Vers sollten aber nur höchstens sechs Wörter stehen.

A 4 Gestaltet im Plenum anschließend eine Wandzeitung mit euren Gedichten.
Sprecht über eure Texte und formuliert inhaltliche Gemeinsamkeiten und Unterschiede.

b) Was ein Cover verrät – Hypothesen zum Roman aufstellen

A 1 Schau dir das Cover des Buchs genau an. Notiere, worum es in dem Buch gehen könnte. Unterscheide, welche Assoziationen du aufgrund des Titels und welche aufgrund des Layouts hast.

Titel

Layout

A 2 Lies anschließend den Text auf der Rückseite des Covers (den sogenannten Klappentext auf der nächsten Seite). Schreibe auf, welche Antworten er dir auf folgende Fragen gibt.

Wer sind die Hauptfiguren in dem Buch?	
Welche weiteren Figuren oder Figurengruppen gibt es noch?	
Wo findet die Handlung statt?	
Welche Themen sind wichtig für das Buch?	

A 3 Stelle Vermutungen darüber an, worum es in dem „erbitterten Kampf" gehen könnte, der in den ersten Zeilen des Klappentextes benannt wird.
Notiere deine Erwartungen zu diesem Kampf und markiere im Klappentext die Passagen, die zu deinen Erwartungen bezüglich des Kampfes geführt haben.

c) Der Hambacher Forst – den Ort der Handlung erkunden

A 1 Schlage in einem Atlas nach oder ermittle im Internet, wo sich der Hambacher Forst befindet. Zeichne hier auf der Karte das Gebiet ein.

A 2 Recherchiere weitere Fakten zum Hambacher Forst und beantworte die Fragen:

In welchem Bundesland befindet sich der Hambacher Forst?

Wie groß ist die Fläche des Hambacher Forsts?

Welche Bäume sind für den Hambacher Forst typisch?

A 3 Welche Rolle spielen Wälder in deinem Leben? Beantworte dazu die folgenden Fragen.

Wie weit ist der nächste Wald von deinem Wohnort entfernt?	
Wann warst du das letzte Mal in einem Wald?	
Wie oft bist du in einem Wald?	
Was fällt dir zum Thema Wald und Literatur ein?	
Wie wichtig sind für dich persönlich Wälder?	

2. Die Handlung und die erzählte Welt erfassen

a) Was passiert im Roman? – sich das Geschehen bewusst machen

A 1 Du siehst hier zehn Zitate. Sie kommen in der angegebenen Reihenfolge im Text vor. Ergänze die Seitenzahl und bestimme, wer jeweils spricht oder denkt.

„Du hast mich fotografiert! Das ist mein Gesicht!“ (S. 25)
1 Johanna

„Das ist sie! Target! Treffer!“
2 ______

„Du siehst Seile, damit haben wir das Crown an Henriette befestigt“.
3 ______

„Ich muss jetzt los. Die Spinner im Hambacher Forst haben ein Einsatzfahrzeug umgekippt.“
4 ______

„Hier genau standen die Galgen.“
5 ______

„Ich will so eine Person nicht in unserer Wohnung haben.“
6 ______

„Aber ist es moralisch, den Wald zu schützen?“
7 ______

„Wissen Sie Bens Baumnamen?“
8 ______

„So wie jetzt war er noch nie.“
9 ______

„Wir haben einen Bagger unter unsere Kontrolle gebracht.“
10 ______

A 2 Verfasse eine Handlungsübersicht. Nutze die digitale Tabelle unter dem Mediencode [4301-02] und schildere wie im Beispiel mit ein bis drei Sätzen pro Sprechblase den Handlungskontext der Zitate.

1	Johanna	Ben und Johanna begegnen sich zufällig am Bahnhof Köln-Ehrenfeld. Ben fotografiert Johanna, als sie eine Überwachungskamera mit schwarzer Farbe besprüht. Sie bemerkt das und ist wütend.
2	...	...

A 3 Nicht alle Geschehnisse sind in diesen Sprechblasen berücksichtigt. Diskutiert im Plenum darüber, welche Handlungsschritte man aus eurer Sicht noch einfügen müsste.

b) Worum geht es eigentlich? – das Hauptthema bestimmen

A 1 „Erzählt wird in erster Linie die Liebesgeschichte zwischen Ben und Johanna [...].“

So schreibt die Kritikerin Sabine Bongenberg in einer Rezension über den Roman. Diese Darstellung macht deutlich, dass es im Buch auch andere wichtige Aspekte gibt. Notiere in einer Mind-Map, welche weiteren Bereiche im Buch thematisiert werden.

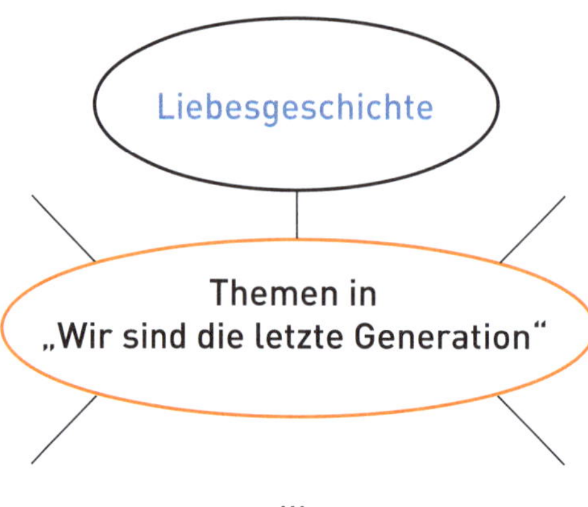

A 2 Im sogenannten Basissatz, dem Beginn einer Inhaltszusammenfassung oder eines Interpretationsaufsatzes, werden die verschiedenen Fakten, die ein Werk betreffen, genannt. Sammle hier, welche das sind.

Titel des Werks, ______________________________

____

A 3 Bei der Ausformulierung des Basissatzes muss man aber nicht zwingend nur einen einzigen Satz schreiben, sondern kann auch zwei bis drei Sätze formulieren. Wichtig ist es hierbei vor allem, das Thema des Werks präzise zu benennen.
Formuliere nun diesen Basissatz zu dem Roman.

Unter dem Mediencode [4301-03] findet ihr zwei verschiedene Lösungsvorschläge für den Basissatz. Lest diese, nachdem ihr eure eigene formuliert habt.
Ihr könnt im Plenum darüber diskutieren, welche der beiden Möglichkeiten das Buch inhaltlich besser kennzeichnet.

A 4 Vergleiche nun die verschiedenen Fassungen von Basissätzen, die dir vorliegen, mit deinem eigenen aus der Aufgabe **A3**. Verbessere ihn, falls du der Meinung bist, es sei nötig.

> **TIPP**
>
> Achte besonders darauf, dass der erste Satz nicht zu verschachtelt ist – schreibe ihn gegebenenfalls um und trenne nach Vorbildern aus der Hilfe in zwei oder drei Sätze.

c) Wie die Zeit vergeht – die Zeitgestaltung untersuchen

A 1 Die Handlung des Romans erstreckt sich über nur wenige Tage.
Notiere in jedem Kalenderblatt den Textabschnitt, der dir anzeigt, dass ein neuer Tag begonnen hat. Notiere den Wortlaut, an dem du erkennen kannst, dass ein neuer Tag beginnt und unterstreiche – wie im Beispiel den jeweiligen Texthinweis.

S. 7 – 34

TIPP

Nicht immer wird der Wechsel gleich zu Beginn des neuen Tages klar. Manchmal musst du auch ein bisschen weiterlesen oder an das Ende des vorigen Tages gehen.

Und noch ein Hinweis: Es handelt sich nicht um sieben aufeinanderfolgende Tage!

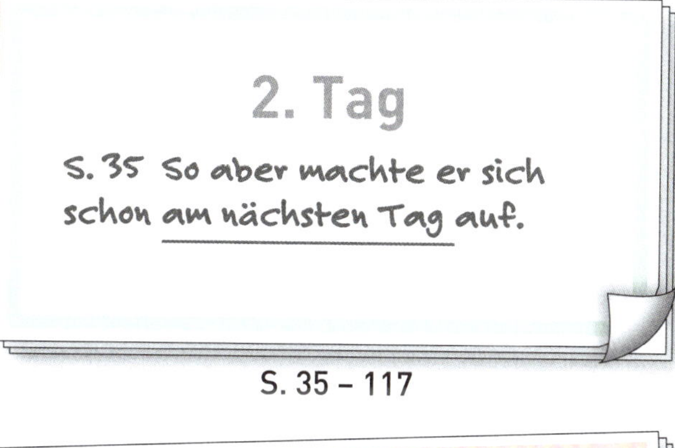

S. 35 – 117

S. 251 – 278

S. 118 – 204

S. 279 – 299

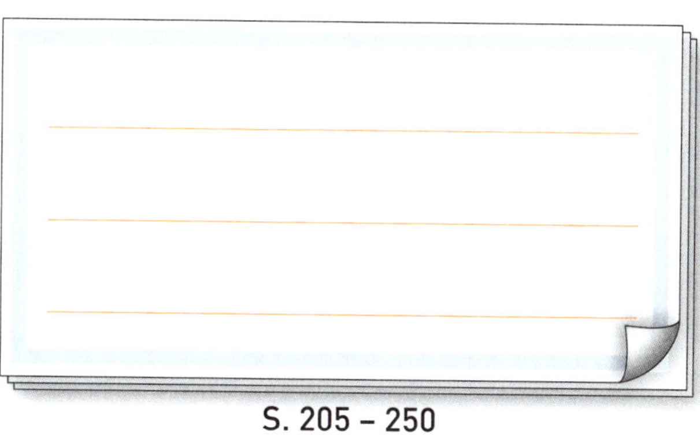

S. 205 – 250

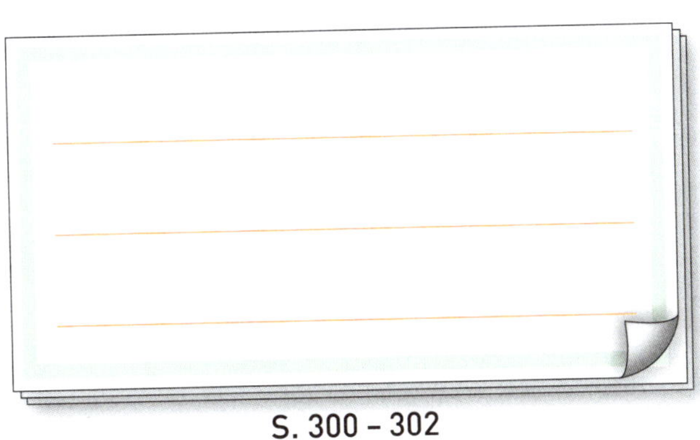

S. 300 – 302

A 2 Bei der Orientierung haben dir verschiedene Hinweise im Text geholfen. Unterscheide, woran du erkannt hast, dass jeweils ein neuer Tag begonnen hat, und sortiere die „Textmarker" aus **A1** in die drei folgenden Kategorien ein.

1) Wechsel des Tages klar durch konkrete Zeitangabe:
Beispiel: am nächsten Tag

____

____

____

____

2) Wechsel des Tages klar durch Wechsel von Schauplatz und/oder Personen:

____

____

____

____

____

3) Wechsel des Tages klar durch Handlung:

____

____

____

____

____

A 3 Beschäftigt man sich mit der Zeitgestaltung im Roman, ist auch interessant, was erzählt und was weggelassen wird. Um dies beschreiben zu können, braucht man bestimmte Fachbegriffe. Lies den folgenden Info-Text über den Aspekt der Zeitgestaltung in erzählenden Texten und markiere dabei die Fachbegriffe.

Für die Untersuchung der **Zeitgestaltung** von Erzähltexten steht eine bestimmte Fachterminologie zur Verfügung: Das was durch den Erzähler wiedergegeben wird, nennen wir die erzählte Zeit, also die Zeit, von der erzählt wird. Die Zeit, die man dagegen braucht, um diese Geschehnisse zu schildern, nennt man Erzählzeit. Diese beiden Dimensionen von Zeit können in Erzähltexten in drei unterschiedlichen Beziehungen zueinander stehen:

1. Stimmen erzählte Zeit und Erzählzeit überein, spricht man von Zeitdeckung, beispielsweise wenn Dialoge in wörtlicher Rede wiedergegeben werden.
2. Brauchen wir zum Lesen länger, als die erzählten Geschehnisse in Wirklichkeit dauern, nennt man das Zeitdehnung.
3. Bei der Zeitraffung, die am häufigsten vorkommt, erstreckt sich das Dargestellte in der Realität über einen wesentlich längeren Zeitraum, als wir zum Lesen brauchen.

A 4 Lies dir den folgenden Schülertext zur Zeitgestaltung des Romanbeginns durch. Markiere in unterschiedlichen Farben die Art der zeitlichen Gestaltung, die Beispiele, und deren Wirkung.

Die Geschehnisse des ersten Tags werden bezüglich der Zeitgestaltung sehr verschieden erzählt. Der Roman beginnt damit, wie Johanna aufwacht und sich in ihrem Baumhaus umsieht. Ihr Blick bleibt an verschiedenen Details des Baumhauses hängen: „Johanna schaut durch die Lücke [...]" (S. 7), „[...] in die Küche: Herd, Spüle, Schrank. Ein Eichhörnchen ist scharf auf die Lebensmittel" (S. 9). Das Erzähltempo ist sehr ruhig und zeitdeckend gehalten. Der Leser sieht mit Johannas Augen das „Crown" (= Baumhaus) und wird so allmählich ins Geschehen und den Ort der Handlung eingeführt.

Als wenige Seiten später zum ersten Mal Ben auftaucht, wird zunächst ebenso zeitdeckend erzählt. Besonders deutlich wird dies, wenn Bens Mutter mit ihm spricht und ihm verschiedene Fragen stellt (vgl. S. 13). Auch das erste Zusammentreffen von Ben und Johanna am Bahnhof wird noch in gemächlichem Tempo annähernd zeitdeckend geschildert.

Schneller wird das Erzähltempo, als Ben zu Hause im Internet nach Johanna forscht. Auf nur einer einzigen Seite wird wiedergegeben, wie Ben sich auf die Suche im Netz macht, das Foto von Johanna in die Google-Bildersuche eingibt und dort ihren Namen und einiges zu ihrer Grundschulzeit findet. Die zeitraffende Zeitgestaltung zeigt sich am deutlichsten in den Worten: „Das ist sie! Target! Treffer!" (S. 31). Die extrem kurzen, schon fast an Comic-Sprache erinnernden Ausrufe setzen Bens Aufregung bei der Recherche sehr anschaulich in Sprache um.

A 5 Auf den Seiten 174 – 180 verwendet Manfred Theisen auf engem Raum verschiedene Arten der Zeitgestaltung.
Stelle hier Beispiele aus dieser Textpassage zusammen.

	Geschehen in Stichpunkten oder Zitat	**Seite/n**
Zeitdeckung		
Zeitdehnung		
Zeitraffung		

A 6 **Trainiere deine Schreibkompetenz:** Nutze deine Zusammenausstellung aus **A5** und interpretiere in einem zusammenhängenden Text die Besonderheit der Zeitgestaltung auf den Seiten 174 – 180. Orientiere dich dabei am Text aus **A4**.

d) Mehr als nur ein Ort – die Gestaltung des Raums untersuchen

A 1 Erstelle ein Cluster zu den Schauplätzen des Romans.
Lies dafür zuerst den Wissenskasten zur Raumgestaltung in erzählten Texten.

Die **Raumgestaltung** spielt in erzählten Texten eine wichtige Rolle. Dabei ist ein Raum nicht nur als „Zimmer", sondern auch als Handlungsort zu verstehen. In erzählten Texten hat der Raum neben der reinen Ortsangabe zumeist noch eine übertragene und symbolische Bedeutung.

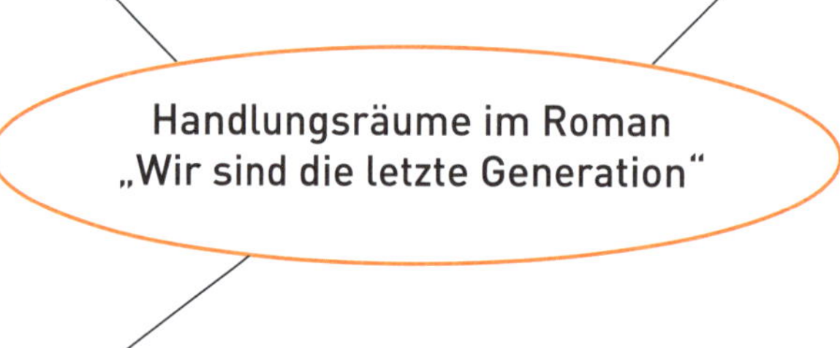

A 2 Ein wichtiger Handlungsraum im Roman ist **die Wohnung von Ben und seinen Eltern**.
Markiere im Textauszug rechts Wörter und Passagen, die Informationen über Ben und seine Eltern enthalten.

Er heißt Ben
[...]
und steht mit beiden Füßen
auf dem warmen Teppich
in seinem Zimmer
in der Eigentumswohnung seiner Eltern
mitten in der Stadt.
Die Welt brennt, doch ich penne.
Das denkt er.
Seine Mutter ruft von unten:
„Morgen, Schatz!"
(S. 12)

A 3 **Trainiere deine Schreibkompetenz:** Ein Schüler hat die Passage zu Bens Wohnung interpretiert. Setze den Aufsatzbeginn fort, indem du auf deine Ergebnisse von **A2** zurückgreifst.
Unter dem Mediencode [4301-04] kannst du digital weiterschreiben.

Einer der drei großen Handlungsräume des Romans „Wir sind die letzte Generation" ist die Wohnung von Ben und seinen Eltern. Diese wird zwar nur kurz beschrieben, dennoch sagen die wenigen Details viel über Ben bzw. seine Eltern aus. Der als warm bezeichnete Teppich (vgl. S. 12/Z. 10) steht für Sicherheit, für die geordneten Verhältnisse, in denen Ben aufwächst. Über seine Eltern erfahren wir, dass ...

A 4 Ein anderer zentraler Handlungsraum ist der **Bahnhof Köln-Ehrenfeld** und seine direkte Umgebung.
Markiere im Stadtplan Orte, die im Buch vorkommen oder inhaltlich Wichtiges benennen.

Falls du Hilfe brauchst, findest du im Mediencode [4301-05] Seitenangaben mit relevanten Passagen.

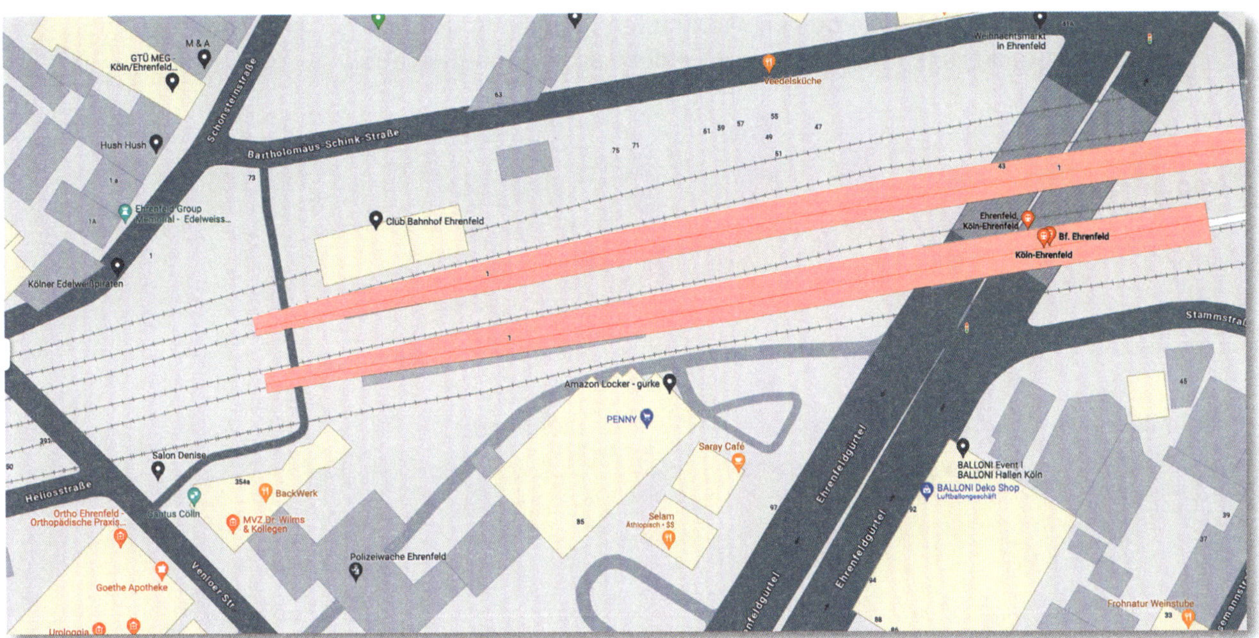

A 5 Ergänze die Tabelle. Nenne in der rechten Spalte Handlungssituationen, die am und um den Bahnhof herum spielen.

konkreter Ort	Geschehen
Denkmal der Kölner Edelweißpiraten	erste Verabredung von Ben und Johanna
...	...
...	...
...	...
...	...
...	...
...	...

A 6 **Trainiere deine Schreibkompetenz:** Setze die folgende Interpretation fort. Beziehe dabei deine Ergebnisse aus **A3** und **A4** mit ein. Unter dem Mediencode [4301-06] kannst du digital weiterschreiben. Schreibe ca. 150 Wörter.

Der Bahnhof und sein Umfeld sind im Roman nicht nur Schauplatz zahlreicher Ereignisse der Handlung. Sie tragen auch symbolische Bedeutung als Handlungsraum in sich. Anfangs fungiert im Roman der Bahnhof als ein Ort des Aufbruchs. Denn hier ...

3. Die Figurengestaltung untersuchen

a) Gegensätze ziehen sich an – die beiden Hauptfiguren charakterisieren

A 1 Johanna und Ben sind die beiden wichtigsten Figuren im Roman.
Fülle die Steckbriefe in den farbigen Feldern soweit möglich aus.

Name: Johanna	Name: Ben
Alter:	Alter:
Familie:	Familie:
Wohnort:	Wohnort:
Freunde:	Freunde:
Interessen und Hobbys:	Interessen und Hobbys:
Eigenschaften:	Eigenschaften:

A 2 Finde passende Adjektive, welche Johanna und Ben zu Beginn des Romans charakterisieren. Stelle dafür Gegensätze in der Tabelle unter „Eigenschaften" direkt gegenüber.

A 3 **Erweitere deinen Wortschatz:** Ergänze deine Notizen. Suche dafür gegebenenfalls in Wortsammlungen nach weiteren passenden Adjektiven.

Unter dem Mediencode [4301-07] findest du verschiedene analoge und digitale Möglichkeiten, die dir helfen, dein Vokabular zu erweitern.

b) Ben am Anfang und am Ende des Romans – die Entwicklung einer Figur nachzeichnen

A 1 Ben macht im Roman eine große Entwicklung durch.
Ordne die Formulierungen aus dem Speicher richtig in die Kästen ein.

TIPP
Vergiss nicht, auch den Pfeil mit einem Auslöser der Entwicklung zu „befüllen".

Speicher: hat noch nicht viel von der Welt gesehen – verliebt sich Hals über Kopf – bereit, alles aufzugeben – sucht noch seinen Platz im Leben – kennt keine Kompromisse – will bei den Aktivisten leben – war noch nie mit jemandem zusammen – Auflehnung gegen die Eltern – führt Aktionen am Rande der Legalität durch – lebt bei seinen Eltern – merkt, dass sich etwas im eigenen Leben ändern muss

Ben zu Beginn des Romans

Auslöser in der Entwicklung

Ben am Ende des Romans

A 2 Belege drei Formulierungen aus dem unteren Kasten mit einer passenden Textstelle aus dem Roman.

Wenn du dir unsicher bist, wie man eine Textdeutung mit Zitaten belegt, findest du eine methodische Anleitung als Hilfe unter dem Mediencode [4301-08].

c) Er ist „ein unbeschriebenes Blatt" – Symbole in Hinsicht auf Bens Entwicklung deuten

A 1 Bens Entwicklung vom unsicheren und orientierungslosen Schüler zum selbstbewussten Jugendlichen wird nicht nur inhaltlich dargestellt, sondern zusätzlich sprachlich mit Symbolen gestützt.

Symbole stehen bildhaft für Sachverhalte, Dinge, Personen oder Entwicklungen. Der Zusammenhang zwischen Symbol und Gemeintem ist dabei nicht immer offensichtlich, sondern muss erst offengelegt werden.

Im Roman wird immer wieder auf die Redensart „ein unbeschriebenes Blatt sein" angespielt. Recherchiere die zwei Bedeutungen dieser Redewendung und notiere sie hier.

1.

2.

A 2 Erkläre vor diesem Hintergrund, was die folgenden beiden Zitate über Ben aussagen.

Er heißt Ben
und ist ein Buch mit leeren Seiten.
(S. 12)

Ein weißes Blatt
auf dem
Er
nur
sie
denken kann,
steht er vor ihr.
(S. 51)

A 3 Ben findet im Baumhaus ein Buch, in dem Johanna Gedichte aufschreibt. Die Beschreibung dieses kleinen Bands passt auch zu Johanna selbst. Ergänze die folgende Deutung des Zitats.

Bleistift auf Papier,
die Buchstaben stehen
eng beieinander
(S. 68)

Bücher, Blätter, Seiten und Papier stehen im Roman symbolisch für Johanna und Ben. Wenn es über Johanna bzw. über ihr Buch heißt, dass die Buchstaben „eng beieinander" stehen, bedeutet das, dass Johanna im Gegensatz zu Ben ...

A 4 **Trainiere deine Schreibkompetenz:** Lies noch einmal die Passage auf den Seiten 225 – 230. Vergleiche danach die Seite 12 vom Beginn des Romans mit der Seite 229 aus dem gerade gelesenen Abschnitt (siehe unten). Deute das Symbol der leeren bzw. bedruckten Seiten jeweils in Hinsicht auf die Entwicklung, die Ben im Roman durchmacht.

TIPP

Die Worte aus dem Speicher unten helfen dir beim Formulieren.

Er heißt Ben
und ist ein Buch mit leeren Seiten.
Es muss etwas passieren. Das weiß Ben.
Aber er steht viel zu langsam auf.
Er weiß: Es ist Zeit, etwas zu ändern.
Veränderer sind Menschen
mit einem Ziel vor Augen,
doch er lebt nur von Tag zu Tag
und steht mit beiden Füßen
auf dem warmen Teppich
in seinem Zimmer
in der Eigentumswohnung seiner Eltern
mitten in der Stadt.
Die Welt brennt, doch ich penne.
Das denkt er.
Seine Mutter ruft von unten:
„Morgen, Schatz!"
(S. 12)

Er druckt den Zettel aus,
hängt ihn an seine Zimmertür
und dreht den Schlüssel zweimal herum,
dann vergräbt er sich in seinem Zimmer,
während draußen die Welt verbrennt
(S. 229)

Formulierungshilfen: *Zu Beginn des Romans ist Ben • steht für • drückt symbolisch aus • kann gedeutet werden als • in übertragenem Sinne • Ben entwickelt sich im Laufe des Werks zu • im Gegensatz zum Anfang des Romans*

d) Wer spielt welche Rolle? – die Figuren nach ihrer Wichtigkeit beurteilen

A 1 Nicht nur Ben und Johanna ...: Erstelle eine Übersicht mit allen Personen des Buchs. Ordne sie hier in der Mind-Map so an, dass man erkennt, wer mehr mit Ben und wer mehr mit Johanna zu tun hat.

Nebenfiguren sind daran erkennbar, dass sie in einem Werk wesentlich seltener vorkommen als die Hauptfiguren. Sie begleiten die Handlung lediglich, während die Hauptfigur die entscheidende Rolle einnimmt und im Mittelpunkt der Handlung steht.

Zwar scheinen Nebenfiguren im Gegensatz zur Hauptfigur auf den ersten Blick eine eher untergeordnete Rolle zu spielen, dennoch sind sie für die jeweilige Handlung von Bedeutung und können dem Geschehen manchmal sogar eine entscheidende Wendung geben.

Randfiguren kommen noch seltener als Nebenfiguren in einem Erzähltext vor, vielleicht treten sie sogar nur einmal auf. Außerdem haben sie keinen entscheidenden Anteil an der Handlung. Man könnte sie problemlos aus dem Geschehen des Romans streichen, ohne dass es einen Bruch in der Logik der Abfolge gäbe.

Falls eine Handlung einer Randfigur doch einmal eine Konsequenz haben sollte, ist es jedoch nicht wichtig, dass genau diese Figur diese Handlung vornimmt. Man könnte sie durch eine andere ersetzen.

A 2 Bestimme für jeweils eine in **A1** angeführte Person, ob sie eine Neben- oder eine Randfigur ist. Begründe deine Entscheidung jeweils mit Kriterien aus dem Wissensspeicher.

- ______________ ist eine Nebenfigur, weil ______________________________
  ____.
- ___________ ist eine Randfigur. Als Begründung kann man anführen, dass ________
  ____
  ____.

e) Die Mutter – eine Nebenfigur charakterisieren

A 1 Die Mutter ist im Roman eine wichtige Nebenfigur.
Lies noch einmal die angegebenen Passagen.
Lege in deinem Heft eine Tabelle an oder arbeite mit der digitalen Fassung unter dem Mediencode [4301-09] und gib in jeweils ein bis zwei Sätzen wieder, was die Mutter im jeweiligen Handlungsabschnitt tut.

	Bens Mutter im Roman
S. 13	
S. 28 – 32	
S. 108 – 111	
S. 190 – 193	
S. 206	
S. 227 – 232	
S. 239 – 243	
S. 250 – 259	

A 2 Notiere Stichpunkte zur Mutter, die ihre Lebensumstände näher benennen (Familienstand, Beruf etc.).

A 3 Kreuze auf einer Skala von 1 bis 5 an, ob die angeführten Charaktereigenschaften auf Bens Mutter zutreffen.

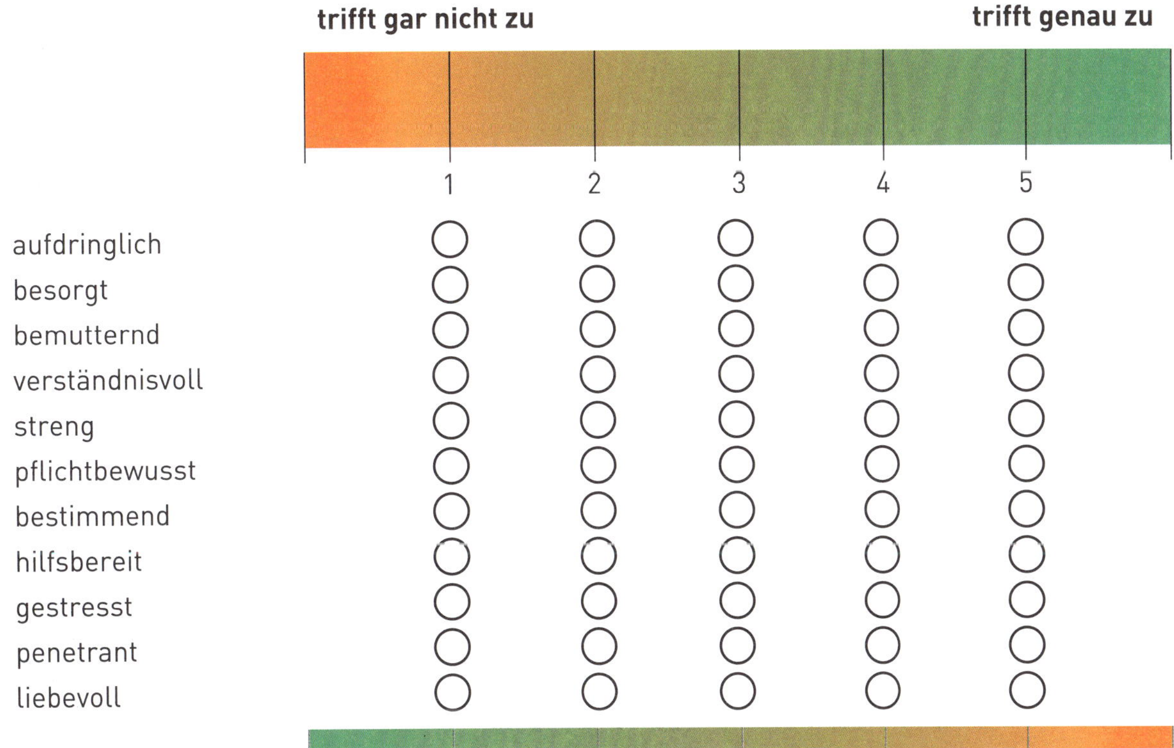

A 4 Benenne für alle Eigenschaften, für die du „4“ oder „5“ angekreuzt hast, einen inhaltlichen Beleg mit passendem Zitat aus dem Text inklusive Seitenangabe.

Beispiel: **hartnäckig**: Die Mutter will unbedingt mit Ben sprechen, obwohl dieser sich im Zimmer einsperrt: „Sie wird nicht lockerlassen“ (S. 32).

A 5 Ben bezeichnet seine Mutter im Buch (S. 32) mit den folgenden Begriffen.
Konkretisiere mit einem Beispiel, was Ben jeweils meint.
Vervollständige anschließend die zusammenfassende Deutung unter den Begriffen.

- „eine Befragerin“ ________________________________
- „eine Einflussnehmerin“ ________________________________
- „eine Erlauberin“ ________________________________
- „eine Rechthaberin“ ________________________________
- „eine Entschuldigerin“ ________________________________

Deutung:
Im Text wird die Mutter von Ben mit diesen Neologismen betitelt. Dadurch wird seine Sicht auf seine Mutter ...

Neologismus (mask.): Wortneuschöpfung

A 6 Begründe, indem du den Satzanfang vervollständigst, weshalb die Mutter als Nebenfigur wichtig für die Handlung ist.
Die folgenden Wortbausteine im Speicher sollen dir dabei helfen.

Speicher: Gegenfigur – andere Sichtweise – Katalysator für Bens Entwicklung

Die Mutter ist für das Geschehen wichtig, da ________________________________.

A 7 Der folgende Kasten zeigt dir wichtige Bestandteile einer Figurencharakterisierung.
Kreuze rechts jeweils an, welche Punkte du mit den Aufgaben **A1** bis **A6** schon abgearbeitet hast.

TIPP
Man kann in literarischen Werken nicht immer etwas zu allen hier genannten Aspekten sagen (z. B. Alter der Figuren). Diese Details lässt man dann einfach weg und geht dafür umso genauer auf alles ein, was man sonst über die Figur erfahren kann.

Der Aufbau beim schriftlichen Charakterisieren:	
In der **Einleitung** werden im Basissatz wichtige Fakten des Buchs und das Thema genannt.	○
Im Anschluss an den Basissatz wird ein kurzer Überblick zu einer Figur gegeben. Hier wird formuliert, welche Rolle eine Figur im Werk spielt.	○
Im **Hauptteil** werden die äußeren Merkmale präzisiert; Aussagen zu ihren Lebensumständen wie Wohnort und soziale Stellung, Alter, Beruf, Aussehen, Körpersprache und weitere beobachtbare Verhaltensweisen werden benannt.	○
Der wichtigste Teil der Charakterisierung sind die Emotionen, Einstellungen, Meinungen und Interessen der Figur sowie besondere charakterliche Merkmale wie Humor, Strenge, Ehrgeiz oder Ähnliches. Jede Eigenschaft sollte dabei durch ein passendes Beispiel der Handlung veranschaulicht und durch ein geeignetes Textzitat belegt werden.	○
Manchmal kann die Sicht einer anderen Person auf die zu charakterisierende Figur dargestellt werden. Nicht selten treten hier neue Seiten der Figur in Erscheinung. Achtung: Möglicherweise denkt diese Person aber anders als die Leserin / der Leser. Diese individuelle Sicht kann zusätzliche Aspekte der Figur beleuchten, kann aber auch einseitig oder sogar falsch sein.	○
Im **Schlussteil** werden die wichtigsten Eigenschaften und Merkmale zusammengefasst. Wahlweise kann man auch darstellen, weshalb die Figur für den Fortgang der Handlung wichtig ist und inwiefern eine Figur das Geschehen beeinflusst.	○

A 8 **Trainiere deine Schreibkompetenz:** Im Folgenden siehst du die Einleitung und den Beginn des Hauptteils einer Charakterisierung.
Setze die hier begonnene Charakterisierung in deinem Heft oder am Computer fort.
Unter dem Mediencode [4301-10] steht dir der Textanfang digital zur Verfügung.

Der Roman „Wir sind die letzte Generation“ von Manfred Theisen aus dem Jahr 2023 thematisiert die Baumbesetzungen von Umweltaktivisten im Hambacher Forst. Die Mutter von Ben spielt als Vertreterin der Gegenseite der Bewegung eine wichtige Nebenrolle im Werk.
Beruflich hat die Mutter eine Führungsposition in der Sicherheitsfirma, welche für den Energiekonzern RWE arbeitet. Zusammen mit ihrem Mann und Ben lebt sie in einer Eigentumswohnung in der Kölner Innenstadt (vgl. S. 12) ...

4. Ein Roman aus Gedichten? – die lyrische Gestaltung des Romans untersuchen

a) Nicht nur Reim und Strophe – formale und sprachliche Merkmale von Gedichten beschreiben

A 1 Sieh dir den Textausschnitt rechts an. Notiere, welche Merkmale dich hier an Gedichte erinnern.

Der Finderabdruck der Bäume
Jeder Baum ist anders,
hat seinen Fingerabdruck.
Jedes Haus im Baum ist anders,
jedes Haus wiegt sich anders
im Wind,
im Sturm,
im Schnee
erkennst du den Baum
im Haus an seiner Bewegung.
(S. 156)

A 2 Du hast sicher einige Kriterien gefunden, die auf Gedichte zutreffen. Aber ist „Der Fingerabdruck der Bäume" auch wirklich ein Gedicht? Um das besser beurteilen zu können, solltest du wissen, was die Lyrik, die Gattung der Gedichte, von den Gattungen Drama und Epik (auch: Prosa) unterscheidet.
Lies den folgenden Text und markiere die Unterscheidungsmerkmale. Ergänze die Tabelle.

Lyrik lässt sich nicht nur durch die reine Aufzählung von Eigenschaften definieren, sondern auch durch die Abgrenzung von den beiden anderen literarischen Gattungen Drama und Epik (Prosa).

Die **Unterscheidung vom Drama** ist vergleichsweise einfach. Dramatische Texte sind für eine Aufführung geschrieben. Äußerlich sind sie gut am Sprecherwechsel zu erkennen. Die Handlung wird allein in Dialogen vorangetrieben, beschreibende oder erklärende Texte eines Erzählers oder eine Erzählerin fehlen. Darüber hinaus kann es in den Dramentexten Regieanweisungen geben (zu Mimik und Gestik von Figuren, Bewegungen, Kleidung o. Ä.). Zu den Dramen zählen Theaterstücke, Hörspiele und auch Drehbücher für Filme.

Unter dem Begriff **Epik** oder **Prosa** fasst man dagegen alle erzählenden Texte zusammen. Typisch ist die sog. ungebundene Sprache im Vergleich zur metrisch gebundenen Sprache vieler Gedichte. Die Aufteilung in Verse und Strophen fehlt also genauso wie Rhythmus oder Metrum. Von der Kurzgeschichte bis zum umfangreichen Roman gibt es sehr unterschiedliche Ausprägungen.

Drama	Lyrik	Epik
	• Texte in Gedichtform	

A 3 Beurteile nun den „Fingerabdruck der Bäume“: Wähle eine der beiden Aussagen und vollende den Satz.

Ich bin der Meinung „Der Fingerabdruck der Bäume“ ist ein Gedicht / kein Gedicht, weil … ______________________________ .

A 4 Experimentiere mit den Gattungen. Schreibe den Text „Reißfeste Träume“ (S. 69) so um, dass er zu einem rein erzählenden Text wird.
Die Seite steht dir auch digital unter dem Mediencode [4301-11] zur Verfügung.

A 5 Besprecht im Plenum, ob und welche Schwierigkeiten ihr mit der Aufgabe **A4** hattet.

A 6 Neben der Versform zeichnen sich Gedichte auch durch Verwendung von besonderen Stilmitteln (auch rhetorischen Mitteln) aus.
Markiere in dem Beispiel aus dem Roman, welche der hier genannten Stilmittel wo in Theisens Textbeispiel zu finden sind.

❶ Metapher

Ein Begriff wird in einen anderen Bedeutungsbereich übertragen.
Die Metapher ist einem Vergleich ähnlich, bei dem die Vergleichspartikel „wie“ fehlt (z. B. Flussbett).

❷ Ellipse

Ein Satz ist unvollständig. (z. B. „Was nun?“ statt „Was tun wir nun?“)

Sie sitzen am Rhein auf den Stufen,
die Beine hochgelegt – entspannt.
Hand in Hand, Kopf an Kopf.
Zusammen zu sein, ist alles.
Sie in seinem Arm, er in ihrem.
Auf der anderen Rheinseite
steht der beleuchtete Dom,
ein Riese auf einem Berg.
Die Nacht hat sich den Tag geholt,
unmerklich, aber schon verdaut.
Das Tuckern der Kähne.
All die Verliebten küssen sich
auf all den Stufen, all die Jungen
und Mädchen quatschen auf
all den Stufen.
Abend am Rhein.
(S. 174)

❸ Inversion

Die übliche Wortreihenfolge ist vertauscht. (z. B. „Lang ist das Leben.“ statt „Das Leben ist lang.“)

❹ Personifikation

Dinge, Tiere, Gefühle etc. erhalten menschliche Züge und Fähigkeiten bzw. Eigenschaften. (z. B. „Die Sonne lacht.“)

b) Ein bekanntes Gedicht von Johann Wolfgang Goethe – literarische Anspielungen erkennen und für die Interpretation nutzen (1)

A 1 Manfred Theisen greift in seinem Roman auf viele große Namen der deutschen Literaturgeschichte zurück, auf Seite 54 auch auf Goethe.

Lies die Seite im Roman und notiere, wie du den Satz „Warte nur, bald lebst du auch" verstehst.

Die Anspielung auf ein anderes literarisches Werk, ein historisches Ereignis, eine bekannte Geschichte o. Ä. nennt man **Allusion**.
Allusionen werden eingesetzt, um bei der Leserin / beim Leser Assoziationen zu wecken oder ein bestimmtes Gefühl zu erzeugen, das durch die Verknüpfung mit dem anderen Werk entsteht.

A 2 Hier siehst du Theisens Gedicht und das zugrunde liegende komplette Gedicht Goethes.

Manfred Theisen	Johann Wolfgang Goethe
Seine Augen sind braun und hören.	Über allen Gipfeln
Ihre Augen sind grün und reden	Ist Ruh',
vom Widerstand,	In allen Wipfeln
vom Leben	Spürest Du
in den Wipfeln, dort	Kaum einen Hauch;
spürst du jeden Hauch.	Die Vögelein schweigen im Walde.
Warte nur,	Warte nur! Balde
bald lebst du auch.	Ruhest du auch.
(S. 54)	(Fassung von 1815)

A 3 Unterstreiche Theisens Übernahmen von Goethe in einer Farbe. Hebe inhaltliche Veränderungen des Sinns in Theisens Text mit einer zweiten Farbe hervor.

A 4 **Trainiere deine Schreibkompetenz:**

- Formuliere nun den Vergleich der beiden Texte schriftlich.

Unter dem Mediencode [4301-12] findest du einen Textbeginn als Hilfe. Nutze für den Vergleich Wörter wie „genauso wie" oder „anders als".

- Erläutere dabei auf Basis deiner vorigen Untersuchungen, weshalb der Autor Manfred Theisen in seinem Text die Allusion auf Goethe einbaut. Gehe hierbei auch darauf ein, weshalb er besonders den letzten Satz verändert hat.

c) Eine Ballade von Theodor Fontane – literarische Anspielungen erkennen und für die Interpretation nutzen (2)

A 1 Sowohl der Romanausschnitt aus „Wir sind die letzte Generation" als auch der rechte Text sind Dialoge. Lest beide mit verteilten Rollen. Spielt mit den Stimmungen im Text.

Manfred Theisen	?
„Wann sehen wir uns?" „Und wo?" „Treffpunkt Ehrenfeld?" „Bahndamm?" „Ja, am Penny-Markt" Er steigt in den Bus ohne Kuss. Und fragt sich: Mag sie mich auch? (S. 105)	„Wann treffen wir drei wieder zusamm'?" „Um die siebente Stund', am Brückendamm." „Am Mittelpfeiler." „Ich lösch die Flamm'." „Ich mit." „Ich komme vom Norden her." „Und ich vom Süden." „Und ich vom Meer."

A 2 Notiere alles, was in beiden Texten nach deiner Einschätzung übereinstimmt.

A 3 Vergleiche die beiden Texte unter den vorgegebenen Kategorien.

Sprecher	
Absicht der Sprecher	
lyrische Gestaltung	
Satzarten	

A 4 Der zweite Text stammt aus der Ballade **„Die Brück' am Tay"** von **Theodor Fontane** (1819 – 1898). Du findest unter dem Mediencode [4301-13] den ganzen Balladen-Text. Vorlage für Fontane war ein reales Zugunglück am Tay in Schottland 1879. Fasse das Geschehen aus der Ballade in einem Satz zusammen.

A 5 Du kannst dir denken, dass der Autor von „Die letzte Generation" nicht ohne Absicht auf Fontanes Ballade anspielt.

- Lies, um diese Absicht zu ergründen, die Seiten 123 – 126 aus „Wir sind die letzte Generation" und fasse sie inhaltlich in einem Satz zusammen.

- Erkläre nun, welche Bedeutung das Zitat von Fontanes Gedicht für Theisens Roman hat. Setze dafür den hier begonnen Text fort und beziehe auch dein Wissen um die später folgende Handlung im Roman mit ein. Nutze – wenn es dir beim Formulieren hilft – die im Speicher vorgegebenen Bausteine.

Man kann gut erkennen, dass Fontanes „Die Brück' am Tay" für Manfred Theisen bei der Passage, in der sich Ben und Johanna verabschieden, Pate gestanden hat. Die Anspielung auf Fontanes Ballade ist inhaltlich bedeutsam, weil ...

Speicher: Vorlage – Anspielung – Zitat – nimmt vorweg – Ähnlichkeiten der Texte

d) Die Liebe im Gedicht – zwei inhaltlich ähnliche Texte vergleichen

A 1 Mache dir den Inhalt des Gedichts klar, indem du ihn als Prosatext, also fortlaufend, mit Ergänzung der richtigen Satzzeichen aufschreibst.

Verliebt sein
Leine
an der ich um dich
und du um mich
blind laufe
bin ich
gefangen
dich zu fangen
um frei zu sein mit
dir allein
zu sein.
(S. 64)

A 2 Die „Leine" im Gedicht ist eine sogenannte Metapher. Den Begriff kennst du schon aus Kapitel 4a (→ S. 25).
Interpretiere sie, d. h. notiere, wofür sie steht.

A 3 Im blauen Kasten siehst du ein ähnliches Gedicht aus dem 12. Jahrhundert.
Erstelle rechts daneben eine Übersetzung. Der Laut „î" wird zu „ei".

Unbekannter Autor
Dû bist mîn, ich bin dîn,
des solt du gewis sîn,
du bist beslozzen
in mînem herzen,
verlorn ist das sluzzelin:
dû muost ouch immêr darinne sîn.

Deine Übersetzung

A 4 Vergleiche nun die beiden Gedichte, indem du die Sätze vervollständigst.

In beiden Gedichten wird das Thema Liebe mit Begriffen dargestellt, die ____________________.

Mir persönlich gefällt die Metapher __________ besser, weil ____________________.

5. Widerstand damals und heute – die Hintergründe des Romans erarbeiten

a) Aktivismus oder Widerstand oder ....? – Vorwissen zur Definition von Begriffen aktivieren

A 1 Die Baumbesetzer aus dem Hambacher Forst sind keine Erfindung von Manfred Theisen. Sie sind eine der vielen Gruppen von engagierten Umweltschützern, die medienwirksame Kampagnen starten, um auf Probleme in diesem Bereich aufmerksam zu machen.
Tauscht euch im Plenum darüber aus, welche Organisationen und Aktionen ihr kennt.

A 2 Bevor sich Ben im Roman den Baumaktivisten anschließt, stellt er sich und Johanna folgende Frage (S. 127):
„Was glaubst du: Wo verläuft die Grenze zwischen passivem Widerstand, zivilem Ungehorsam, Aktivismus und Widerstand?"

Der Roman selbst definiert dann später Widerstand auf Seite 151 so:
„Den Ausreden entgegentreten, beharrlich sein, sabotieren, riskieren, womöglich sterben und die falsche Maschine aus dem Tritt bringen."

- Ordnet diese Antworten aus dem Roman im gemeinsamen Gespräch den vier folgenden Begriffen zu.
- Überprüft eure Zuordnungen anschließend nochmals genau anhand der Definitionen der vier Begriffe.

❶ Passiver Widerstand

Dabei gibt es verschiedene Formen:

- Zum einem wird jegliche Kooperation mit der herrschenden Regierung / Besatzungsmacht verweigert.
- Eine weitere Form ist der „Dienst nach Vorschrift", eine milde Variante, die darauf abzielt, die Machthabenden durch eine langsame oder bewusst falsche Abwicklung der Arbeit zu zermürben.

Alle Formen des passiven Widerstands basieren auf dem Prinzip der Gewaltlosigkeit.

❷ Ziviler Ungehorsam

Damit sollen als moralisch richtig empfundene Werte durchgesetzt bzw. die als falsch empfunden Missstände beseitigt werden. Ziel ist dabei nicht eine Ablösung des herrschenden Systems, sondern die Rechte der Bürger sichtbar zu machen und zu stärken.

Dies geschieht in gewaltfreier Form und in symbolischen Übertretungen von Gesetzen und Verordnungen, um damit mediale Aufmerksamkeit zu erregen und die öffentliche Meinung zu beeinflussen.

❸ Aktivismus

Ein Aktivist oder eine Aktivistin setzt sich für ein soziales, ökologisches oder politisches Ziel wie etwa Eindämmung des Klimawandels, Abschaffung der Massentierhaltung oder das Ende von Überwachung, ein.

Der Protest wird mithilfe von Informationsbroschüren, Manifesten, Petitionen und Demonstrationen sowie mit Engagements in den sozialen Medien möglichst öffentlich kundgetan. Der Aktivismus kann individueller Art sein oder über Nichtregierungsorganisationen, sog. NGOs (z. B. Amnesty International, Fridays for Future), organisiert sein.

❹ Widerstand

Als Widerstand wird die Verweigerung des Gehorsams oder das aktive Handeln gegen Obrigkeit/Regierung bezeichnet.

Dabei ist es zunächst nicht von Bedeutung, ob die Machthaber, gegen die Widerstand geleistet wird, die Herrschaft legal, legitim oder aber illegal ausüben.

Entscheidend ist, dass die „Obrigkeit" geltendes Recht und Gesetz bestimmt. Widerstand befindet sich entsprechend außerhalb der gesetzten Ordnung.

b) Wer waren die Edelweißpiraten? – Material für ein Referat sichten, sortieren und strukturieren

A 1 Im Roman hält Ben ein Referat zu den „Edelweißpiraten". Hier findest du einige Materialien, die er bei seiner Recherche zusammengetragen haben könnte.
Lies die Materialien und gib jedem Text eine Überschrift.

M1 ______________________________

In der Zeit des brutalen Nazi-Regimes in Deutschland schlossen sich viele Kinder der Hitlerjugend an. 1936 mussten alle Zehn- bis Achtzehnjährigen dort eintreten, ansonsten hatten sie schwere Strafen zu befürchten. Aber nicht alle kamen dieser Aufforderung nach.

Die Edelweißpiraten waren kleine Gruppen junger Leute aus ganz Deutschland, die sich den Nazis widersetzten und sich weigerten, in die Hitlerjugend einzutreten. Die meisten kamen aus der Arbeiterklasse, waren zwischen 14 und 17 Jahre alt und arbeiteten in Firmen oder Fabriken. Sie fühlten sich unterdrückt von der Kontrolle, die die Nazis auf ihr Leben ausübten: Jazzmusik war verbannt worden, Tausende Bücher wurden öffentlich verbrannt und niemand traute sich mehr, offen etwas gegen das grausame Regime zu sagen [...].

Draußen in den Bergen und auf den Feldern fanden die Piraten die Freiheit, sagen und singen zu können, was sie wollten. Sie hatten lange Haare und trugen Karohemden, Lederhosen und Halstücher. Und sie kritzelten „Nieder mit Hitler" auf die Mauern ihrer Städte.

Die Piraten versteckten Deserteure aus der Armee oder flüchtige Gefangene aus den Lagern. Wenn sie an einem Auto vorbeigingen, das einem Nazi gehörte, schütteten sie Zucker in den Benzintank. Sie lieferten sich Straßenschlachten mit der Hitlerjugend, überfielen Vorratslager der Nazis und organisierten Kampagnen mit dem Ziel, den Alliierten – eine Gruppe von Ländern, die gegen die Nazis kämpfte – möglichst viele Informationen zu übermitteln.

Quelle: Ben Brooks: Stories für Kids who dare to be different, Löwe-Verlag, Bindlach 2019, S. 55

M2 ______________________________

Zu den bekanntesten oppositionellen Jugendgruppen während der NS-Herrschaft zählten die „Edelweißpiraten". Nach ihrem Erkennungszeichen – einer Edelweißanstecknadel – wurden verschiedene „wilde Cliquen" von den Nationalsozialisten als „Edelweißpiraten" bezeichnet. [...] Der Begriff „Edelweißpiraten" setzte sich vornehmlich für Jugendgruppen aus dem rheinisch-westfälischen Industriegebiet durch, die ab 1941/42 verstärkt auftraten. Dabei handelte es sich um mehrere tausend Jugendliche, die in der Regel aus dem Arbeitermilieu stammten. In kleineren Gruppen trafen sie sich regelmäßig außerhalb der Hitler-Jugend (HJ) in bestimmten Parks oder Stadtvierteln.

Vom NS-Regime als „verlottert", „sittlich verwahrlost" und „kriminell" bezeichnet, lehnten sie vor allem den während des Zweiten Weltkriegs zunehmenden Zwangscharakter, den Drill und die wachsende Militarisierung der HJ ab. Von der einheitlich uniformierten HJ hoben sich die „Edelweißpiraten" durch eine eigene Kluft - oft Skihemden, Wanderschuhe, Halstuch und kurze Lederhosen – ab. Auf ihren Wochenendausflügen, Fahrten und Wanderungen in das Umland der Großstädte kam es nicht selten zu handgreiflichen Auseinandersetzungen mit der HJ. Im Unterschied zu der strengen geschlechtlichen Trennung in Schule und HJ gingen bei den „Edelweißpiraten" Jungen und Mädchen gemeinsam auf Fahrt.

Ihre Haltung gegenüber dem Regime war von wenigen Ausnahmen abgesehen unpolitisch. Im Wesentlichen ging es ihnen – wie auch der „Swingjugend" – um die Schaffung eines Freiraums, der es erlaubte, eine eigene Jugendkultur und Identität auszuleben. Insofern unterschieden sie sich von dem Widerstand der „Weißen Rose". Erst die Verfolgung durch staatliche Organe wie die Geheime Staatspolizei (Gestapo) drängte einzelne Gruppen in eine Protesthaltung und verursachte eine gewisse Politisierung.

Quelle: Bernhard Struck © Deutsches Historisches Museum, Berlin, 13. Mai 2015

M3

Bartholomäus (Barthel) Schink (27.11.1927 – 10.11.1944) war Mitglied in der Ehrenfelder Gruppe. In der Nacht des 20. April 1944 zog er zusammen mit mehreren Edelweißpiraten – darunter Fritz Theilen und Franz Rheinberger – los, um anlässlich Hitlers Geburtstag am Kölner Bahndamm Sabotage zu betreiben. Durch gezielte Manipulation der Bahngleise gelang es ihnen, einen Güterzug der Wehrmacht zum Entgleisen zu bringen: „[...] [gemeint sind die alliierten Bombardements]. *Unsere Aktion gegen die Reichsbahn muss ein toller Erfolg gewesen sein, denn in den darauffolgenden Tagen erfuhren wir von Leuten, die bei der Reichsbahn arbeiteten, dass die Bahnpolizei dahintergekommen war, dass der Zug nicht durch Feindeinwirkung, sondern durch Sabotage zur Entgleisung gebracht worden war.*" Durch ein im Vorfeld verschafftes Alibi gelang es Schink, sich zunächst dem Zugriff der Gestapo zu entziehen. Ein aufgefundenes Brückensprenggerät wurde auf Veranlassung Schinks nach Ehrenfeld gebracht, um dieses Hans Steinbrück zur Verfügung zu stellen, der plante, das EL-DE-Haus [den damaligen Sitz der Kölner Gestapo] mittels eines Sprengstoffanschlags zu zerstören. Auch wenn bereits weitreichende Planungen bestanden, kam es nicht zur Durchführung der Aktion, da es der Gestapo durch eine anonyme Denunziation gelang, die Gruppe und deren Versteck zu ermitteln. Nachdem man ihn am 10. 11. 1944 aus dem Brauweiler Arbeits- und Gestapolager entlassen hatte, wurde Schink zusammen mit zwölf anderen Mitgliedern der Ehrenfeld Gruppe [...] ohne vorherige Gerichtsverhandlung öffentlich hingerichtet.

Quelle: Portal Rheinische Geschichte

M4

Die Hitler-Jugend (HJ) wurde auf dem 2. Reichsparteitag der NSDAP vom 3./4. Juli 1926 in Weimar als nationalsozialistische Jugendbewegung gegründet. [...] Die anfangs noch formell freiwillige Mitgliedschaft wurde am 1. Dezember 1936 durch [...] die Einführung der „Jugenddienstpflicht"" zur Zwangsmitgliedschaft. [...]

Die uniformiert auftretende und militärisch organisierte HJ [...] gliederte sich nach Altersgruppen und Geschlecht: Das Deutsche Jungvolk (DJ) erfasste die 10- bis 14-jährigen Jungen, die eigentliche HJ die 14- bis 18-jährigen Jungen. In gleicher Weise waren die zur HJ gehörenden Mädchenverbände in Jungmädelbund (JM) und Bund Deutscher Mädel (BDM) gegliedert. [...]

Feierliche Aufzüge, Propagandamärsche und Paraden, Fahrten, „Geländespiele" und geselliges Lagerleben machten die HJ für viele Jugendliche attraktiv. Wesentlicher Bestandteil des HJ-Diensts war der sogenannte Heimabend, an dem sich einmal wöchentlich kleinere HJ-Ortsgruppen trafen, um Aktivitäten vorzubereiten. Zu den Heimabenden zählte das gemeinsame Hören von propagandistischen Radiosendungen, die speziell für die Jugend produziert wurden.

Quelle: Lebendiges Museum online

A 2 Nutze die vier Materialien zur Erarbeitung eines Vortrags. Erstelle zunächst eine Gliederung für einen Vortrag zum Thema „Die Edelweißpiraten in Köln".

A 3 Formuliere Überschriften für die Präsentationsfolien einer Computer-Präsentation. Verwende dazu die in **A2** erstellten Gliederungspunkte als Folienüberschriften und füge den einzelnen Folien sinnvolle Stichpunkte hinzu.

A 4 Recherchiere außerdem zu den Vorgängen der Hinrichtung einiger Edelweißpiraten, die im Roman auf den Seiten 85 – 87 beschrieben wird. Baue die gefundenen Informationen sinnvoll in deine Präsentation ein.

A 5 Mache einen virtuellen Spaziergang zum Bahnhof Köln-Ehrenfeld: Suche im Internet nach Bildern und schau dir an, was Ben bei seinem Erkundungsgang gesehen haben könnte.

c) Die Motivation der Baumhausbewohner – materialgestützt informieren

Aufgabe: Die Umwelt-AG deiner Schule gestaltet eine kleine Ausstellung zu den Protesten der Umweltaktivisten im Hambacher Forst. Bei der Eröffnungsveranstaltung sollst du einen kurzen Einführungsvortrag für Schulangehörige und Eltern halten.

Dein Vortrag soll etwa zwei Minuten dauern – das entspricht einem Text von etwa 300 Wörtern. Du sollst bei dem Vortrag insbesondere die Beweggründe der Aktivisten für ihr Leben in den Baumhäusern beleuchten.

A 1 **Die Aufgabenstellung verstehen:** Lies die Aufgabenstellung genau und ergänze die folgende Grafik.

Adressat

> An wen richtet sich der Text?

Achte daher in deinem Text auf

Textsorte

> Was für einen Text schreibst du?

Achte daher in deinem Text auf

Anlass

> Für welches Ereignis schreibst du?

Achte daher in deinem Text auf

Thema

> Worum geht es in deinem Text?

Achte daher in deinem Text auf

A 2 **Materialien auswerten:** Verschaffe dir einen schnellen Überblick über die folgenden Materialien **M1** bis **M3**.
Notiere nach deren Lektüre, um welche Art von Quelle (Textart) es sich jeweils handelt.

M1 Statements von Aktivisten aus dem Hambacher Forst

Der Hambacher Forst hat sich zu einem Symbol für zahlreiche Umweltaktivisten entwickelt. Die Beweggründe der Baumbesetzer, auf den Bäumen zu leben, sind vielfältig und reichen über den Umweltschutz hinaus. Lesen Sie die Statements, die wir aus Interviews mit Aktivisten zusammengestellt haben.

Waldname Laetitia: Wir leben hier auf den Bäumen, weil die dann nicht gefällt werden können. Die Polizei darf uns nicht einfach herunterschütteln. Keine Behörde und keine Politik darf mutwillig Menschenleben aufs Spiel setzen.

Waldname Käfer: Der Hambacher Forst ist nicht irgendein beliebiger Wald. Hier gibt es viele Eichen und Buchen. Einen Mischwald mit so vielen alten Bäumen wie hier gibt es in Deutschland nur noch ganz selten. Anderswo versucht man mühevoll, künstlich Laubbäume in Nadelwälder zu integrieren. Daher geben wir hier unseren Bäumen auch Namen und erweisen damit jedem einzelnen Baum unseren Respekt.

Waldname Diana: Der Hambi bietet Raum für viele Tiere, die vom Aussterben bedroht sind wie z. B. die Haselmaus. Wir können nicht zulassen, dass diese Tiere alle keinen Lebensraum mehr finden. Am häufigsten hat man in der letzten Zeit von der Bechsteinfledermaus geredet, die auf der Liste der bedrohten Tierarten steht. Aber die ist es nicht allein. Die Artenvielfalt würde durch eine Abholzung extrem gefährdet.

Waldname Ariel: Wir leben hier nicht nur auf, sondern auch mit den Bäumen und mit der Natur. Wir legen uns schlafen, wenn es dunkel wird, und wir stehen auf, wenn es hell wird. Wir haben hier oben ja nur begrenzt Strom in unseren Akkus. Ich habe das Gefühl, dass ich wieder zur Natur und damit eigentlich zu mir selbst zurückgekehrt bin.

Eines der vielen Baumhäuser im Hambacher Forst

Waldname Vidar: Für mich ist auch einfach cool, ganz andere Lebensformen auszuprobieren. Hier gibt es keine Hierarchien. Wir teilen alles miteinander und sprechen auch bewusst nicht von Mann oder Frau. Dass wir hier alle andere Namen haben, hat nicht nur damit zu tun, dass wir uns vor den Medien schützen und unerkannt bleiben wollen. Wir wollen damit auch bewusst zum Ausdruck bringen, dass alle Menschen gleich sind.

Waldname Wurzel: Je mehr Menschen hier leben, desto größer wird die Aufmerksamkeit. Deshalb starten wir auch zwischendurch Aktionen, damit wir immer wieder in die Presse kommen und in den Köpfen der Leute präsent bleiben. Und je mehr wir sind, desto aufwändiger ist es letztendlich für die Polizei, uns wegzuschaffen. Jeder Tag, den wir hier sind, ist eine Hoffnung, die Rodung des Hambi zu stoppen.

Waldname Fidelia: Durch das einfache Leben hier werden einem die wirklich wichtigen Dinge bewusst. Was brauche ich denn eigentlich zum Leben? Nicht die große Villa oder den schicken Sportwagen. Man kann mit ganz wenig zufrieden sein. Da stellt sich mir automatisch auch die Frage nach der kapitalistischen Markwirtschaft, nach dem Immer-Mehr-Haben-Wollen. Denn die ist ja letztendlich der Grund, warum der Hambi abgeholzt werden soll.

M2

M3

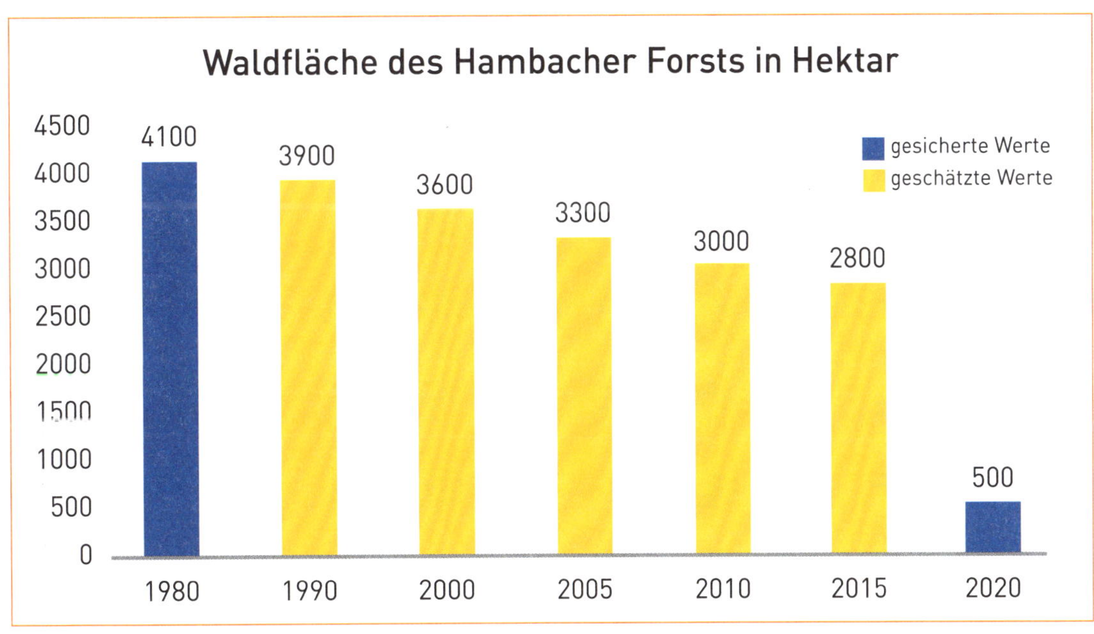

Folgende Arten von Materialien (Textarten) liegen vor:

M1 ____________________

M2 ____________________

M3 ____________________

A 3 **Material M1 auswerten:** Gib jedem Statement eine zusammenfassende Überschrift, die herausstellt, welcher Beweggrund bei der jeweiligen Aktivistin / dem jeweiligen Aktivisten im Vordergrund steht.

Waldname Laetitia	1.
Waldname Käfer	2.
Waldname Diana	3.
Waldname Ariel	4.
Waldname Vidar	5.
Waldname Wurzel	6.
Waldname Fidelia	7.

A 4 Ordne die in Aufgabe A3 gefundenen Überschriften den folgenden Gesichtspunkten zu.

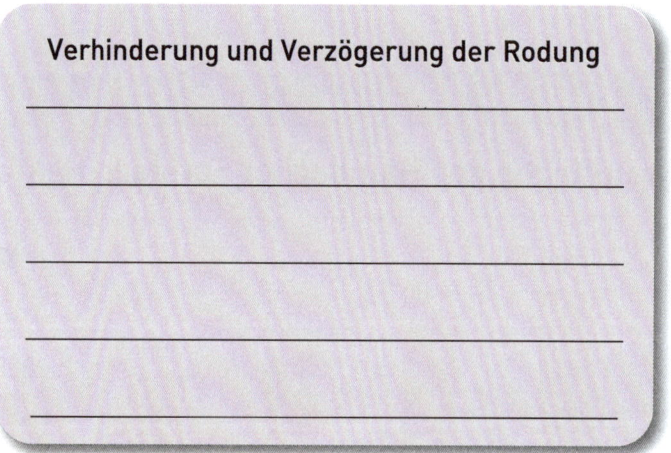

Ökologische Gesichtspunkte

Alternative Lebensformen

A 5 **Material M2 auswerten:** Notiere in Stichpunkten Bilddetails der Karikatur, die du für deren Aussage für wichtig hältst.

A 6 Beurteile, ob die folgenden Interpretationen sinnvoll sind.

	sinnvoll	nicht sinnvoll
Der Mann links freut sich darüber, dass der Wald gerodet ist.		
Der Mann mit der Kettensäge zeigt in seiner Körperhaltung, dass er stolz auf seine Arbeit ist.		
Die Karikatur zeigt, dass der Hambacher Forst für den Braunkohleabbau gefällt werden muss.		
Der Mann links freut sich, weil bald keine Kohle mehr zur Energiegewinnung abgebaut wird.		
Der Mann rechts ist ein Befürworter des Braunkohleabbaus.		

A 7 Entscheide also, auf welcher Seite der Karikaturist steht, und begründe deine Interpretation, indem zu den Satz vervollständigst.

Der Zeichner Klaus Stuttmann positioniert sich mit seiner Karikatur auf der Seite der Gegner / der Baumaktivisten, denn …

A 8 Verwerte die aus der Karikatur gewonnene Information im Sinne der Aufgabenstellung: Nenne den Beweggrund für die Baumbesetzer, der in dieser Karikatur angesprochen wird.

A 9 **Material M3 auswerten:** Notiere zwei Informationen, die du aus dem Diagramm entnehmen kannst.

A 10 Verwerte die aus dem Diagramm gewonnene Information und formuliere den daraus abgeleiteten Beweggrund für die Baumbesetzer, den du in deinem Vortrag anführen kannst.

A 11 **Informationen aus den Materialien ordnen:** Lege eine Liste an, in welcher Reihenfolge du die Beweggründe aus **M1** bis **M3** in deinem Vortrag anordnen willst.

A 12 **Materialauswertung zum Verfassen eines Textes nutzen:** Hier siehst du den Beginn der Ausarbeitung des Vortrags.
Mach dir rechts Notizen, worum es in den einzelnen Abschnitten geht.

Liebe Schülerinnen, Schüler, Lehrkräfte und Eltern,	
herzlich willkommen zur Eröffnung unserer Ausstellung über die Proteste der Umweltaktivisten im Hambacher Forst. Wir freuen uns, euch und Ihnen heute einen Einblick in die Lebenswelt und das Engagement dieser Aktivisten zu geben.	
Der Hambacher Forst steht seit 2012 und besonders seit den Rodungen im Jahr 2018 symbolisch für den Kampf um unsere Umwelt und unsere Zukunft. Die Aktivisten, die sich entschieden haben, in den Baumhäusern zu leben, tun dies nicht aus einer Laune heraus, sondern aus tiefster Überzeugung. Ihre Beweggründe hierfür sind sehr vielfältig. Bei unseren Recherchen zu den Ereignissen rund um die Baumbesetzungen waren wir überrascht, aus welch unterschiedlichen Motiven heraus die Aktivisten handeln.	

A 13 Der Textbeginn „legt einen Roten Faden" für den Aufbau des folgenden Aufsatzes.
Markiere im Text, wo dies geschieht, und erkläre, welche Inhalte die Zuhörerinnen und Zuhörer in der Folge erwarten können.

A 14 **Trainiere deine Schreibkompetenz:** Setze den hier begonnenen Vortrag fort.
Der Text steht dir auch digital unter dem Mediencode [4301-14] zur Verfügung.

d) Die Edelweißpiraten und die Baumaktivisten – verschiedene Formen des Widerstands miteinander vergleichen

A 1 In einer Rezension zu dem Roman „Wir sind die letzte Generation" heißt es:

> „Im Roman werden die beiden Widerstandsgruppen der Edelweißpiraten und der Baumaktivisten quasi gleichgesetzt."

Tauscht euch im Plenum über Parallelen zwischen den beiden Widerstandsgruppen aus.

A 2 Fülle die Tabelle mit den Stichworten aus dem Speicher darunter aus.
In manche Felder musst du mehrere Stichworte eintragen. Die Bulletpoints geben dir Hinweise, wie viele gefragt sind.

	Edelweißpiraten	**Baumaktivisten im Hambacher Forst**
Zeitraum	•	•
Kernanliegen	• •	• •
	• • •	• Stopp der Abholzung des Hambacher Forsts • Stopp des Braunkohleabbaus
Hauptgegner	•	•
	• Verteilung von Flugblättern • Sabotageaktionen	• •

Speicher: Erhaltung der individuellen Freiheit – Energiekonzern RWE – besonders seit ca. 2010 – während der NS-Zeit in Deutschland – Regime der Nationalsozialisten – Aktivitäten – Verweigerung der Mitgliedschaft in der HJ – Ziele – Freiheit – Bau und Besetzung von Baumhäusern – Unabhängigkeit – Ausleben der eigenen Jugendkultur – Plakataktionen

A 3 Sucht im Plenum nach weiteren Kategorien zum Vergleich der beiden Gruppen.
Macht euch dazu Notizen.

A 4 Ordnet im gemeinsamen Gespräch die Edelweißpiraten und die Baumbesetzer den Definitionen im Kapitel 5a auf Seite 30 hier im Arbeitsheft zu.

A 5 Lies den folgenden Ausschnitt einer Zeitungskritik.
Markiere im Text, wo ein weiterer Vergleichsaspekt genannt wird, der noch nicht in der Tabelle zu finden war.

Der Roman „Wir sind die letzte Generation“ ist das Ergebnis einer gemeinsamen Arbeit von Manfred Theisen und seiner Tochter. Letztere musste für die Schule einen Vortrag über die „Edelweißpiraten“, einer Widerstandsgruppe von Jugendlichen in der NS-Zeit, ausarbeiten. In Köln lebend verfolgte sie zudem die Aktionen der Baumaktivisten im Hambacher Forst und zog Parallelen zwischen den beiden Gruppen. Obwohl Manfred Theisen in Interviews die Vergleichbarkeit der Widerständler in Frage stellt – gerade was die zu erwartenden Konsequenzen betrifft –, durchmischen Vater und Tochter dennoch in diesem Roman Passagen, sodass ein spannendes Nebeneinander von Geschichte und Gegenwart entsteht.

A 6 Entscheide dich für eine der beiden Möglichkeiten der folgenden Aussage und begründe deine Entscheidung, indem du den Satz vervollständigst.

Die Widerstandsgruppen der Edelweißpiraten und der Baumaktivisten kann man vergleichen / kann man nicht vergleichen, da ...

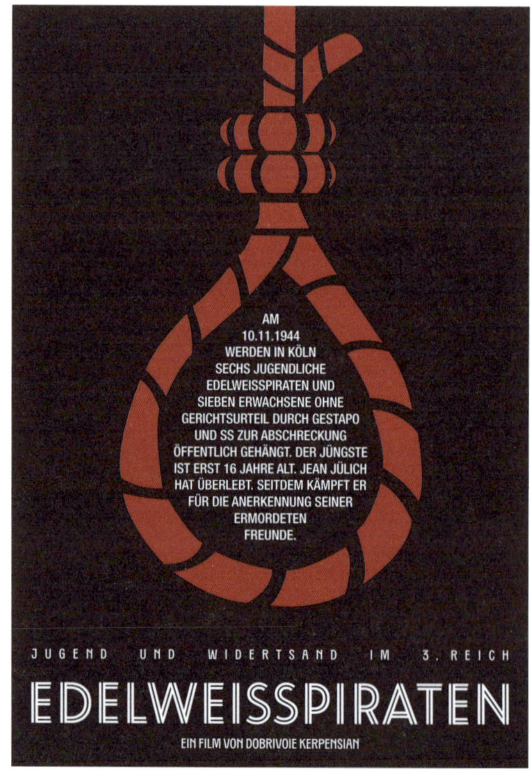

Nach dem Originalplakat zum Film „Die Edelweißpiraten“ illustrierte Abbildung